Die **LET IT BE** Liste

Sonja Bruckner

Sonja Bruckner

Die LET IT BE Liste

Die Kunst des Sein-Lassens.

Impressum

Bibliografische Information der Deutschen Nationalbibliothek:
Die Deutsche Nationalbibliothek verzeichnet diese Publikation in der
Deutschen Nationalbibliografie; detaillierte bibliografische Daten sind im
Internet über http://dnb.dnb.de abrufbar.

© 2024 Sonja Bruckner

Herstellung und Verlag: BoD – Books on Demand, Norderstedt

ISBN: 978-3-7543-4391-3

Inhaltsverzeichnis

Einleitung

Von der Idee einer LET IT BE Liste hörte ich zum ersten Mal 2017 in einem Interview des Zeitforschers Jonas Geißler mit der Rheinischen Post. [1] Laut Geißler soll man auf einer solchen Liste all das notieren, was man getrost weglassen kann: quasi ein Gegenkonzept zur To-do-Liste, mit dem Ziel, Zeit nicht zu organisieren, sondern als Freiraum zu gestalten, um sich der eigenen Fähigkeiten wieder bewusst zu werden. So habe ich seinen Ansatz verstanden und interpretiert. Ich erhebe hier allerdings keinen Anspruch auf Vollständigkeit.

Dieses Buch will einen Schritt weitergehen. Ja, du wirst hier auch etwas zum Thema Zeit lesen, für mich aktuell eines der führenden politischen Themen. Aber wie der Untertitel „Die Kunst des Sein-Lassens" verspricht, werden wir uns auch damit auseinandersetzen, herauszufinden, wie es möglich sein könnte, auf gewisse Gedanken, Personen, Erwartungen und Gegebenheiten auch mal zu pfeifen – etwas poetischer gesagt, sich den Wellen des Lebens hinzugeben, ja vielleicht sogar, sich von ihnen treiben zu lassen. Zu erfahren, wie dein persönlicher Weg zum LET IT BE sein könnte, bedarf jedoch einiger Zwischenschritte.

Zwischenschritte, bei denen ich dich einladen werde, über Selbstwirksamkeit zu reflektieren, Energieräuber in einen neuen Rahmen zu setzen und dich im Annehmen und Aushalten zu üben.

Eins ist dieses Buch jedoch nicht: Ein klassisches Selbsthilfebuch. Denn es erhebt nicht den Anspruch, dein Leben zu verändern. Das kannst sowieso nur du selbst tun. Vielleicht kann es dich jedoch dabei unterstützen, dich von all dem zu befreien, was du sowieso nicht ändern kannst.

Denn manchmal wird es erst gut, wenn du es sein lassen kannst.

In diesem Sinne lade ich dich ein zu einer Reise durch die Höhen und Tiefen des Loslassens. Mach dich auf, die Kunst des Sein-Lassens zu erlernen. Ich freue mich, dich ein Stück deines Weges begleiten zu dürfen.

LET IT BE!
Deine Sonja

Einschübe – meist wissenschaftlicher Natur – sind durch graue Textfelder gekennzeichnet. Diese sind als Add-ons gedacht und somit nicht zwingend notwendig für den Prozess des Sein-Lassens. Sie verstehen sich als Quellen zusätzlicher Information, die zur Weiterrecherche anregen sollen.

Experimente: Pro Kapitel lade ich dich zu einem Experiment ein. Die Idee ist, durch diese Übungen die Wissensinhalte auf deine individuelle Situation transferieren zu können. Diese sind aufbauend konzipiert und sollen dich dazu ermächtigen, im 9. Kapitel deine persönliche LET IT BE Liste zu erstellen. Links zu entsprechenden Downloads (wie Arbeitsblättern und Audios) findest du zu Beginn der jeweiligen Übung vermerkt.

Gendern? Sprache ist etwas zutiefst Emotionales. Und sie ist, wie unsere Gefühle auch, permanenten Veränderungen und Entwicklungen unterworfen. Da es der Autorin wichtig ist, alle Menschen zu inkludieren, hat sie sich für ein durchgängiges Gendern entschieden.

1. LET IT BE

When I find myself in times of trouble, Mother Mary comes to me
Speaking words of wisdom, let it be
And in my hour of darkness she is standing right in front of me
Speaking words of wisdom, let it be

Let it be, let it be, let it be, let it be
Whisper words of wisdom, let it be

And when the broken hearted people living in the world agree
There will be an answer, let it be
For though they may be parted, there is still a chance that they will see
There will be an answer, let it be

Let it be, let it be, let it be, let it be
There will be an answer, let it be

Let it be, let it be, let it be, let it be
Whisper words of wisdom, let it be

Let it be, let it be, let it be, let it be
Whisper words of wisdom, let it be, be

And when the night is cloudy there is still a light that shines on me
Shinin' until tomorrow, let it be
I wake up to the sound of music, Mother Mary comes to me
Speaking words of wisdom, let it be

And let it be, let it be, let it be, let it be
Whisper words of wisdom, let it be

And let it be, let it be, let it be, let it be
Whisper words of wisdom, let it be

[2]   Lennon, J., McCartney, P., Harrison, G., & Starr, R. (1970). Let it be. London: Northern Songs.

Vielleicht geht es dir wie mir, und du hast beim Lesen der Lyrics zu LET IT BE sofort die Melodie des Beatles-Songs im Ohr. Es würde mich auch nicht überraschen, hättest du mitgesummt, oder mittendrin begonnen, lauthals mitzusingen.

Wenig überraschend ist auch, dass es bei der Interpretation des Textes oft zu Missverständnissen kommt. Denn Paul McCartney meinte mit Mother Mary keineswegs die religiöse Figur, sondern erzählt uns hier von seiner eigenen Mutter namens Mary, die starb, als ihr Sohn 14 Jahre alt war. Viel später – als die Beatles bereits weltweit erfolgreich waren – erschien sie Paul im Traum, so die Geschichte. In einer Zeit, als es zwischen den Bandmitgliedern regelmäßig zu Auseinandersetzungen kam, unterstütze dieser Traum Paul dabei, *es geschehen zu lassen*. Und in weiterer Folge entstand daraus der Welthit LET IT BE auf der letzten Single-A-Seite (Hauptseite der Vinyl-Platte) der Beatles.

LET IT BE, zu Deutsch *lass es geschehen*, oder, wie ich es gerne interpretiere, *lass es sein*, passt aber nun keineswegs in die derzeit vorherrschende Kultur der Meritokratie.

Aber leben wir wirklich in einer meritokratischen Gesellschaft? Meritokratie ist eine Idee, die besagt, dass die Menschen in Gemeinschaft lebend nach ihrer individuellen Leistung und nicht nach ihrer sozialen Herkunft beurteilt und belohnt werden sollen. In einer meritokratischen Gesellschaft hat jeder die gleiche Chance, aufzusteigen oder abzusteigen, je nachdem, wie viel er oder sie leistet. Die Erfahrung zeigt, dass unsere Gesellschaft mitnichten den meritokratischen Prinzipien folgt – denn nachhaltig aufsteigen können nur jene, die Geld für sich arbeiten lassen können: also Erb:innen.

Dennoch wird uns vermittelt: schneller, höher, weiter! Optimiere dich selbst! Wenn du dein Ziel nicht erreicht hast, war es nur nicht groß genug! Streng dich richtig an, und du kannst alles erreichen! Mit solchen oder ähnlichen Glaubenssätzen sind die meisten von uns groß geworden und haben sie verinnerlicht, als wären sie Naturgesetze. Auf individueller Ebene erhöht sich so der psychische Druck.

Versagen, auch wenn es durch Krankheiten oder Schicksalsschläge zustande kommt, wird dem Individuum zur Last gelegt, was bei Gesellschaftswesen, wie wir Menschen es sind, zu einer Schamreaktion führt. Du bist nicht okay, ist die Botschaft, die hiermit vermittelt wird. Solch psychische Belastungen mit weiteren Selbstoptimierungspraktiken, wie zum Beispiel exzessivem Sport, Achtsamkeitsübungen, oder Erfolgscoachings, zu begegnen, führt im besten Fall zu innerer Unzufriedenheit, im schlechtesten zu psychischen (oder auch körperlichen) Erkrankungen.

Der deutsche Soziologe Gerd-Günter Voß prägte den Begriff des Arbeitskraftunternehmers. Damit sind Arbeiter:innen gemeint, die mit ihrer eigenen Arbeitsfähigkeit bzw. Arbeitskraft so umgehen, als wäre dies an sich ein eigenes Unternehmen. Sie beuten sich somit selbst aus. Es kommt zur Entgrenzung, zu einer verstärkten Selbstkontrolle, einer Selbstvermarktung und einer Rationalisierung der Lebensführung – und dies auch außerhalb des beruflichen Umfelds. Begriffe wie Neue Selbstständigkeit, Burn-Out, Selbstoptimierung, Zeitmanagement und Work-Life-Balance lassen sich hier einordnen, aber auch der Verbesserungswahn im Freizeitbereich. Hobbys müssen fortan sinnvoll und/oder gesund sein: Marathonlaufen und Bergsteigen ist „in", Faulenzen „out".[3]

Das uns vermittelte, angeblich meritokratische Prinzip der Leistungsgesellschaft hat nicht nur die Idee eines unendlichen Wachstums aus dem Kapitalismus übernommen – nein, sie blendet auch strukturelle Ungleichheit und die begrenzten Einflussmöglichkeiten eines jeden:r Einzelnen völlig aus.

Die Mär, jedes Individuum hätte selbst vollen Einfluss auf das eigene Glück – was wiederum gesellschaftlichen Status, finanzielles

Wohlergehen, vollumfängliche Sozial- und Krankenversorgung sowie die jeweilige Wunschbildung umfasst – bröckelt jedoch gewaltig. So haben uns Krisen wie die Pandemie, der Ukrainekrieg und die erst beginnende Klimakatastrophe gezeigt, dass unser eigener Einflussbereich sich als beschränkter darstellt, als wir annahmen.

Als Folge zeigt sich eine steigende Frustration bei ganzen Teilen unserer Gesellschaft. Spätestens ab Generation Y (auch: Millennials, Jahrgänge 1981 bis 1996) wurde klar: Ein stetiger Wohlstandszuwachs ist nicht mehr möglich. Die Idee, durch einen höheren Bildungsabschluss als die Elterngeneration deren Wohlstandsniveau zu übertreffen oder zumindest zu halten, erwies sich als Trugschluss. Wie der deutsche Soziologe Aladin El-Mafaalani verbildlichte: Der Kuchen wird nicht größer, wenn mehr Menschen am Tisch sitzen.[4]

Es ist an der Zeit, sich mit einem kleineren Stück zufriedenzugeben, so meine These. Und so kann dich LET IT BE oder „Die Kunst des Sein - Lassens" dabei unterstützen, unnütze Glaubenssätze ziehen zu lassen und zu akzeptieren was ist, ohne daran zu verzweifeln. Aber Vorsicht vor „Nebenwirkungen": Es könnte sein, dass sich mehr Zufriedenheit und Würdigung des Hier und Jetzt in dein Leben einschleichen.

Experiment 1: LET IT BE

 Link zur Audioversion der Imaginationsübung inkl. Arbeitsblatt: www.sb-beratung.at/let-it-be

Ich werde dich nun zu einem Experiment einladen: eine kurze Imaginationsübung mit dem Titel LET IT BE.

Dieses Buch – Die LET IT BE Liste – ist dir bestimmt aus Gründen in die Hände gefallen... Auf die ein oder andere Art und Weise wünscht du dir wahrscheinlich, dass du etwas sein lassen kannst, dass dich etwas in Ruhe lässt...

Während dieser nun folgenden Übung werde ich dich bitten, dir dein zukünftiges Ich vorzustellen. Das zukünftige Ich, das all das sein lassen kann, was dir gerade in den Sinn kommt, aber auch all das, woran du jetzt gerade noch gar nicht denkst, und dir dennoch guttut...

Du kannst dabei nichts falsch machen. Lies den Text, oder hör auf meine Stimme, und lasse deine Gedanken mitschwingen. Was kommt, das kommt. Es gibt kein Richtig oder Falsch.

Komm nun in eine bequeme Position. Was auch immer das für dich bedeutet... Für mich bedeutet in eine bequeme Position zu kommen zB, dass meine Füße fest am Boden stehen, die Hände locker auf meinen Oberschenkeln abgelegt sind... dass meine Augen geschlossen sind, meine Schultern entspannt nach unten hängen und auch, dass mein Kiefer ganz gelöst ist... Bring nun deine Aufmerksamkeit zu deiner Atmung und atme langsam ein und wieder aus, ein und wieder aus...

Stell dir nun vor, wie dein weiterer Tag verläuft. Vielleicht liest du noch ein paar Seiten in diesem Buch, vielleicht legst du es nach diesem Experiment auch zur Seite, um morgen weiterzulesen... Was hast du heute noch vor? Wirst du dir noch was kochen? In Ruhe allein oder mit deinen Liebsten essen? Noch einen Film oder eine Serie sehen, oder noch rausgehen? Stell dir vor, dein Tag verläuft genauso, wie geplant, wie immer. Und irgendwann wird es an der Zeit sein, ins Bett zu gehen. Stell dir vor, wie du dich bettfertig machst. Vielleicht kannst du den warmen Wasserstrahl der Dusche auf deiner Haut spüren... Die Zahnpasta im Mund schmecken, und währenddessen dein Spiegelbild betrachten... Vielleicht cremst du dich vor dem Zubettgehen ein und kannst den wohlbekannten Geruch deiner Creme ganz deutlich wahrnehmen... Und vielleicht hörst du dabei auch noch etwas Musik oder unterhältst dich mit jemandem?

Auf jeden Fall ist es nun an der Zeit, ins Bett zu gehen, und kaum hast du es dir so richtig gemütlich gemacht, fällst du auch schon in einen tiefen, ruhigen Schlaf...

Einen tiefen und ruhigen Schlaf... Und nichts lässt darauf schließen, was als nächstes passiert. Denn während du schläfst, passiert plötzlich ein Wunder! Auf wundersame Art und Weise wird plötzlich all das Realität, weshalb du dieses Buch ursprünglich in die Hand genommen hast. Das

Wunder, das du alles sein lassen kannst, was du möchtest, ist eingetreten! LET IT BE!

Und so wird es morgens, und es wird Zeit aufzuwachen. Vielleicht hast du dir den Wecker gestellt oder du bist auch von selbst wach geworden... Auf jeden Fall hast du nichts mitbekommen von dem Wunder, das sich nachts zugetragen hat, denn du hast ja geschlafen...

Und so startest du wie gewöhnlich in deinen Tag...

- Woran würdest du als Erstes merken, dass ein Wunder geschehen ist?
- Wer aus deinem Umfeld würde es sofort bemerken, dass sich etwas verändert hat?
- Wie würdest du unterschiedlich handeln?
- Was würdest du anders sagen?
- Was würde anders sein an so einem Tag, nachdem das Wunder passiert ist?
- Was spielt keine Rolle mehr, was zuvor wichtig war? Und welcher neue Freiraum ergibt sich daraus?
- Was fällt dir noch auf?
- Und wo ist jetzt schon ein Stückchen dieses Wunders in dein Leben getreten?

Und nun ist es an der Zeit, wieder langsam ins Hier und Jetzt zurückzukommen. Verabschiede dich von deinem zukünftigen Ich und versprich dir selbst, dass ihr euch bald kennenlernen werdet.

Atme noch einmal tief ein und notiere deine Antworten hier oder auf dem entsprechenden Arbeitsblatt.

[5] Angelehnt an: Die Wunderfrage, vgl. de Shazer & Dolan, 2016

2. Gegen die To-do-Mentalität

Der Tag hat 24 Stunden, die Woche sieben Tage, und aus dieser Zeit sollen wir das Maximum rausholen! So zumindest die gesellschaftliche Erwartung. Sei beschäftigt und tu nichts ohne Grund! Absichtslose Handlungen sind zu vermeiden! Um nichts zu vergessen bzw. noch mehr zu schaffen, gilt es, unsere Zeit einzuteilen. Kalender, egal ob digital oder analog, verschaffen uns Überblick über die vorhandene Zeit. To-do-Listen sollen uns dabei helfen, nichts zu vergessen. Wer sich dazu motivieren muss, kann auch zu kreativeren Methoden wie Bullet-Journals und Wochenplänen greifen.

Eins ist jedoch sicher: Während wir die Punkte ganz oben auf der To-do-Liste abhaken, kommen unten mindestens genauso viele dazu. Meist wirkt es allerdings eher so, als habe man der Hydra den Kopf abgeschlagen. Und wie in der altgriechischen Sage: Für jeden abgeschlagenen Kopf bzw. für jede erledigte Aufgabe folgen zwei nach. Die Konsequenz ist ein ständiger Kampf gegen die To-do-Liste, die niemals zu enden scheint. Trotz all der Anstrengung und des regelrechten Abarbeitens scheint kein Ende in Sicht, das Ziel wirkt unerreichbar.

Kommt es dir auch manchmal so vor, als würdest du nichts anderes mehr tun als essen, schlafen und arbeiten? Und dennoch bist du immer hungrig, müde und bankrott?

Und zeigen wir oder unsere Mitmenschen mal Zeichen von Erschöpfung oder gar Verzweiflung, dann sind wir/sie wohl urlaubsreif. Urlaub ist somit nicht mehr nur eine Belohnung oder ein willkommener Tapetenwechsel, sondern notwendige Erholung vom Alltag. Diese Erholung ist allerdings zu beschränken. Auf der einen Seite zeitlich – schließlich sind zwei Wochen Sommerurlaub absolut ausreichend, um sich zu erholen – auf der anderen Seite kann selbst Urlaub nicht absichtslos genossen werden. Welchen Berg hast du im Urlaub bestiegen? Welchen Hotspot besichtigt? In welche fremde Kultur bist du für eine Woche eingetaucht?

Sich absichtslos treiben zu lassen, wird gesellschaftlich geächtet und höchstens chillenden Teenagern oder abgearbeiteten Pensionist:innen zugestanden.

Der größte Coup des Kapitalismus ist es, uns vorzugaukeln, dass Arbeit unsere größte Liebe sei, schreibt die US-amerikanische Journalistin Sara Jaffe in ihrem Buch „Work won't love you back" [6]

Bringen flexible Arbeitszeiten Eltern mehr Zeit zur Erholung? Diese Frage stellte sich Yvonne Lott im Zuge des 47. Reports des Wirtschafts- und Sozialwissenschaftlichen Instituts (WSI) im Jahr 2019. Laut ihrer Untersuchung lässt sich die Frage eindeutig verneinen.

Weder für Mütter noch Väter führen demnach flexible Arbeitsverträge zu einem Freizeitgewinn. Es ist sogar das Gegenteil der Fall: Flexible Arbeitszeiten wie Gleitzeit führen sowohl bei Vätern als auch bei Müttern zu einer Verringerung der freien Zeit, sowie zu einer Verringerung der durchschnittlichen Schlafdauer. Arbeiten im Homeoffice wirkt sich laut dieser Studie vor allem auf Mütter negativ aus, da sich zusätzlich auch der Anteil der Kinderbetreuungszeiten (Care-Arbeit) erhöht. [7]

Zu beobachten ist auch, dass es sich bei vielen heute beliebten Freizeitbeschäftigungen, wie Gartenarbeiten, Handarbeiten oder Fischen, im Grunde um Arbeit handelt. Arbeit, für die wir früher entlohnt wurden bzw. die für andere auch heute noch Lohnarbeit darstellt. Der englische Anthropologe James Suzman sieht in dieser freiwilligen Verflechtung zwischen Erwerbsarbeit und freier Zeit, die wir Hobby nennen, die Sehnsucht nach selbstbestimmter, sinnerfüllter Arbeit. [8]

Gegen Ende dieses Kapitels möchte ich nun wieder auf das Thema To-do-Listen zurückkommen und eine Beobachtung teilen, die ich diesbezüglich in meiner Praxis als psychosoziale Beraterin machen musste:

Denn oftmals führt der anhaltende Kampf gegen die To-do-Listen– oder besser gesagt: die Windmühlen – zu vermehrter Aggression und somit zu scheinbar unangemessenen Emotionsausbrüchen oder zu Frustration und in weiterer Folge zu einer Gefühlsleere. Betroffene landen häufig in der Beratung, beim Coaching oder auch in einer Therapie.

Die Frage, die ich mir als professionelle Begleiterin Betroffener stelle, ist, wie ich wertschätzend unterstützen kann und gleichzeitig bei meinem Gegenüber eine Reflexion ermögliche, in der Hoffnung, ein Aussteigen aus dem zuvor skizzierten Teufelskreis zu ermöglichen. Denn Zeiten des Leidens sind es, in denen wir persönliche Kompetenzen und Ressourcen entwickeln.

Wenn sich To-do-Listen also eher nachteilig auswirken, was können wir tun, um gegen den täglichen Druck gewappnet zu sein und vielleicht das ein oder andere To-do auch sein lassen können?

Experiment 2: Innere Antreiber entschärfen

 Arbeitsblätter stehen als Download zur Verfügung unter: www.sb-beratung.at/let-it-be

Das Konzept der inneren Antreiber aus der psychotherapeutischen Schule der Transaktionsanalyse eignet sich wunderbar, um erlernte Glaubenssätze zu erkennen. Unter inneren Antreibern versteht man ehemalige elterliche Botschaften und Ansprüche. Für die meisten von uns hat sich ein Einhalten dieser elterlichen Vorstellungen als hilfreich erwiesen, um Liebe und Wertschätzung zu erfahren, wodurch sich diese Glaubenssätze noch stärker einprägten. Solch innere Antreiber können jedoch, werden sie zu extrem gelebt, zu schädlichen Verhaltensweisen führen. Und da sie so sehr internalisiert, also in uns einbaut sind, fällt es uns oft schwer, sie zu erkennen.

Die fünf Hauptantreiber lauten:

1. **Sei perfekt!**

Ziel: Gründlichkeit, Genauigkeit
Passende Sätze: Das wäre noch besser gegangen.
Bloß keinen Fehler machen.
Es gibt immer etwas zu verbessern.
Wenn ich etwas anfange, dann mache ich es auch ordentlich.
Ich mache keine halben Sachen.

2. **Sei stark!**

Ziel: Selbstbeherrschung, Standfestigkeit
Passende Sätze: Immer Haltung bewahren.
Wer Gefühle zeigt, ist schwach.
Du musst immer auf das Schlimmste gefasst sein.
Mich wirft nichts aus der Bahn.
Ich komme ohne Hilfe aus.
Verlasse dich nur auf dich selbst.

3. **Beeile dich!**

Ziel: Produktivität, Effizienz
Passende Sätze: Nutze den Tag.
Das Hier und Jetzt zählt, verschwende keine Zeit.
Ich reiße andere mit.
Sei immer in Bewegung.
Veränderung ist gut, Stillstand ist nicht möglich.
Ich habe immer etwas zu tun.
Multitasking ist mein Leben.

4. Streng dich an!

Ziel: Durchhaltevermögen, Ausdauer

Passende Sätze: Du kannst alles erreichen, wenn du dich nur genug anstrengst.

Erfolge müssen hart erarbeitet werden.

Ich schaffe das (alleine)!

Beiß die Zähne zusammen!

Nur wofür du kämpfen musstest, ist was wert.

5. Mach es allen recht!

Ziel: Hilfsbereitschaft, Empathie

Passende Sätze: Nein zu sagen fällt mir schwer.

Bloß kein Konflikt!

Ein harmonisches Miteinander ist wichtiger, als die eigenen Bedürfnisse durchzusetzen.

Nimm dich nicht so wichtig!

Mir ist wichtig, wie andere über mich denken.

Sei aufmerksam und verständnisvoll.

Lob und Anerkennung ist das Größte und gleichzeitig nicht erreichbar.

Versetze dich nun zurück in schwierige Situationen aus der/den vergangenen Woche(n). Welche der fünf oben genannten Antreiber könnte dazu beigetragen haben, dass du genau diese Situationen als besonders belastend und schwierig erlebt hast? Notiere sie hier:

Situation	Antreiber

Wie oft hast du die folgenden Antreiber genannt?

Sei perfekt! _____ mal

Sei stark! _____ mal

Beeile dich! _____ mal

Streng dich an! _____ mal

Mach es allen recht! _____ mal

Bestimmt kannst du eine Tendenz erkennen. Wahrscheinlich wird sogar sichtbar, welcher innere Antreiber besonders stark zutage tritt, sobald du etwas sein lassen möchtest.

Notiere hier deinen stärksten inneren Antreiber und formuliere die damit verbundenen Glaubenssätze mit eigenen Worten:

_____

_____

_____

_____

_____

_____

Was könnte daran hilfreich sein?

Was möchtest du daran verändern?

Formuliere hier neue, hilfreiche und angemessene Glaubenssätze:

_____

_____

_____

_____

_____

_____

Beispiele könnten sein:

„Sei perfekt!"
Gut zu sein ist gut genug.
Es genügt, ich selbst zu sein.
So wie ich bin, bin ich liebenswert und wertvoll.
Auch ich darf Fehler machen und aus ihnen lernen.

„Sei stark!"
Ich darf mich vor anderen zeigen.
Ich kann mich öffnen.
Gefühle zu zeigen ist stark.
Ich kann um Hilfe bitten und sie annehmen.

„Beeile dich!"
Kreativität braucht Pausen.
Ich nehme mir die Zeit, die ich brauche.
Pausen stehen mir zu.
Ich darf selbst über mein Tempo entscheiden.

Das Leben ist ein Auf und Ab. Ich darf dies bei meinem Tempo berücksichtigen.

„Streng dich an!"
Es darf auch leicht gehen.
Ich darf Spaß an der Arbeit haben.
Das Leben stellt die Fragen. Ich raste mich aus und höre hin.
Ich darf meine Fortschritte feiern und genießen.
Ich setze mir realistische Ziele.

„Mach es allen recht!"
Ich nehme meine Grenzen selbst wahr, vertrete sie vor anderen und sage auch Nein.
Und ich sage auch Ja zu meinen eigenen Bedürfnissen, die ich genau kenne.
Ich mute mich anderen zu, zeige mich mit all meinen Fehlern und Unterschieden, denn ich bin auch nur ein Mensch.
Ich muss nicht bei allen beliebt sein, denn ich mag auch nicht alle.
Ich gehe mit mir selbst genauso wohlwollend um, wie mit anderen auch.

3. Wähle deine Kämpfe weise

Gedankenkreisen – bestimmt kennst du das: Du liegst abends im Bett, und noch bevor du eine Chance hast, einzuschlafen, beginnen deine Gedanken zu wandern... Zu vergangenen Ereignissen des letzten Tages zum Beispiel. Eine kleine Erinnerung kann dazu führen, dass du alle möglichen Entscheidungen, die du getroffen hast, in Zweifel ziehst. Oder auch Interaktionen, die du mit anderen hattest, deren Tragweite du hinterfragst. Fast so, als ob du das Geschehene noch ändern könntest, indem du intensiv darüber nachdenkst. Manchmal treffen wir während eines solchen Gedankenkreisens jedoch auch auf unser zukünftiges Ich. Nicht jenes, das du aus dem Experiment in Kapitel 1 kennst, sondern jene imaginäre Version von dir selbst, der all das Schreckliche, ja Katastrophale passiert, was sich dein Gehirn nur vorstellen kann.

Um aus einem solchen Gedankenkreisen aussteigen zu können, gibt es unzählige Methoden. Steh auf, nimm einen Schluck Wasser und lies ein paar Seiten in einem Buch, um dich auf andere Gedanken zu bringen. Oder schreib deine Gedanken auf. Denn um sie zu Papier zu bringen, musst du sie erstmal in Sätze formulieren, die Sinn machen, was das Kreisen der Gedanken und somit ein Hinabziehen in einen sogenannten Gedankenstrudel unterbricht. Und all das, was aufgeschrieben ist, hat deinen Kopf verlassen und schafft somit neuen Freiraum. (Nicht umsonst ist Schreiben die zweitbeste Art von Therapie/Beratung/Coaching.) Du kannst auch lernen, deine Gedanken ziehen zu lassen, wie Wolken an einem strahlend blauen Himmel, an dem du festlegen kannst, welche Wolken du zulässt und welche du – vielleicht mit etwas Unterstützung – einfach ziehen lassen kannst.

Oder: Stell dir vor, du stehst an einem wunderschönen Sommertag an einem geschäftigen italienischen Hafen. Unzählige Boote und Schiffe fahren vorbei, legen an oder ab. Große, kleine, frisch polierte, reparaturbedürftige... Vom Fischerboot bis zur

Luxusjacht, vom Ausflugsboot bis zum Ölfrachter ist alles dabei. Stell dir mal vor, deine Gedanken wären wie diese Boote: Würdest du in jedes Boot einsteigen?

All diese Übungen und Methoden sind allerdings nur Gedankenunterbrecher. Sie unterstützen dich dabei, dich nicht in den eigenen negativen Gedanken zu verlieren, helfen dir jedoch nicht dabei, solch unnütze Gedanken erst gar nicht aufkommen zu lassen. Permanent auf Gedankenunterbrecher zurückzugreifen ist fast so, als würdest du immer wieder den Feueralarm abstellen, obwohl es immer noch brennt.

Denn mal ganz ehrlich: Wie viel Zeit des Tages kreisen deine Gedanken um Gegebenheiten, die du sowieso nicht ändern kannst? Auf die du keinerlei Einfluss hast?

Meist handelt es sich dabei um Ereignisse aus der Vergangenheit oder Ideen über eine mögliche Zukunft, vor der wir uns ängstigen. Oder sie kreisen um Verhaltensweisen und Kommunikationsmuster anderer Menschen, über die wir uns ärgern. Wie löschen wir also das Feuer direkt? Wie schaffen wir es, mit Ängsten, die meist in einer unberechenbaren Zukunft liegen, und Ärger bzw. Wut, hinter der sich meist eine Trauer über nicht Veränderbares tarnt, umzugehen?

Erstmal will ich nicht unerwähnt lassen, dass sowohl Angst als auch Wut per se wichtige Emotionen sind. Die eine schützt uns vor Gefahren, die andere bringt uns ins Handeln. Versuchen wir sie allerdings gegen Dinge zu richten, auf die wir keinerlei Einfluss haben, laufen wir bestenfalls ins Leere. Im schlechtesten Fall fühlen wir uns irgendwann wie Sisyphus mit seinem schweren Stein, den er nie auf die Bergspitze gerollt bekommt.

Doch was bedeutet dies nun für die Kunst des Loslassens und für das Schreiben deiner persönlichen LET IT BE Liste in Kapitel 9?

Werde dir klar, worauf du Einfluss hast. Verabschiede dich von der Idee des überzogenen Einflusses auf die dich umgebenden Umstände. So wie Steve de Shazer, der Begründer der Lösungsfokussierten Kurzzeittherapie, zu sagen pflegte: Shit happens! Oder, etwas feiner ausgedrückt: Manchmal hat man eben Pech!

Dies hier ist auch meine Einladung an dich, etwas nachsichtiger mit dir selbst zu sein. Du bist nicht für alles verantwortlich, was dir im Leben passiert. Du bist nur dafür verantwortlich, was du daraus machst! Oder, um es mit Viktor Frankls Worten zu sagen: *„Das Leben selbst ist es, das dem Menschen Fragen stellt. Er hat nicht zu fragen, er ist vielmehr der vom Leben her Befragte, der dem Leben zu antworten – das Leben zu ver-antworten hat."*

Der österreichische Neurologe und Psychiater Viktor Frankl (1905-1997) begründete die Existenzanalyse/Logotherapie, welche oftmals auch als „Dritte Wiener Schule der Psychotherapie" bezeichnet wird. Als Jude wurde er gemeinsam mit seiner Frau 1942 in das Ghetto Theresienstadt deportiert. Seine Frau starb wenig später, seine Mutter wurde in Auschwitz vergast, sein Vater und sein Bruder starben im Konzentrationslager Bergen-Belsen. Viktor Frankl überlebte die Gräuel in nicht weniger als vier Konzentrationslagern, bevor er in Türkheim von der US-Armee befreit wurde.
Seine Eindrücke und Erfahrungen aus dieser Zeit des Leids verarbeitete er in seinem Buch „...trotzdem Ja zum Leben sagen.".
Aus diesem Buch, in dem V. Frankl die absolut hoffnungslose Extremsituation seiner Inhaftierung im Lager beschreibt, stammt auch dieses Zitat, mit dem er zu beschreiben versucht, wie er Hoffnung und Trotz fand: *„Da stellte ich mir vor, ich stünde an einem Rednerpult in einem großen, schönen, warmen und hellen Vortragssaal und sei im Begriff, vor einer interessierten Zuhörerschaft einen Vortrag zu halten unter dem Titel Psychotherapeutische Erfahrungen im Konzentrationslager und ich spräche gerade von alledem, was ich – soeben erlebte."*[9]

Viktor Frankl hat es uns verraten: Selbstwirksamkeit bedeutet, sich zur Welt zu „ver-halten". Denn wir haben immer die Möglichkeit, uns zu „ver-halten". Egal, wie schwierig und aussichtslos die Situation erscheinen mag.
Weniger hilfreich sind hierbei gedankliche Konstrukte wie Schicksal oder Karma. Schicksal würde bedeuten, dass unser Weg festgelegt ist, und

egal was wir tun, wir hätten keinerlei Einfluss darauf. Und Karma, so wie es westlich oft interpretiert wird, als Idee, dass jede Handlung Folgen hat – uns schlechte Handlungen also zu einem späteren Zeitpunkt immer einholen – führt nicht nur zu einer Einschränkung des Freiheitsgedankens, sondern auch zur Aushebelung der Selbstwirksamkeit.

Doch das Leben lehrt uns etwas anderes: Wir haben immer die Wahl! Um dies zu unterstreichen, hier ein kurzes Beispiel aus der Paarberatungspraxis:

Zu mir in die Praxis kommt ein junges Pärchen, Ende 20, Anfang 30. Die beiden sind bereits seit drei Jahren verheiratet, haben ein eineinhalbjähriges Kind und leben im eigenen Haus am Land. Immer wieder kommt es zu eskalierenden Konflikten. Normale Gespräche sind kaum mehr möglich, da sich beide sofort angegriffen fühlen. Sie handeln nach dem Motto: „Angriff ist die beste Verteidigung". Es herrscht also Kriegsrecht. Schnell stellt sich heraus, dass ein großer – wenn nicht der größte – Streitpunkt die (Schwieger-)Mutter ist. Die Mutter des Mannes, welche im selben Dorf lebt, scheint permanent mit am Tisch zu sitzen. Und nein, sie sitzt nicht wirklich mit am Familientisch. Aber ihr Verhalten ist permanent Thema in der jungen Familie. Die Schwiegermutter sei wieder unangemeldet da gewesen und habe bei der letzten Familienfeier den Erziehungsstil des jungen Paares kritisiert, laufend den Zustand des Hauses oder Gartens bekrittelt, sich ungefragt in Fragen der Kinderbetreuung eingemischt usw. Man bekommt eine Idee... Das Verhalten der (Schwieger-)Mutter ist belastend für beide. Nur leider hat keiner der beiden einen echten Einfluss darauf. Und dennoch wirkt es von außen so, als würde sie permanent im Heim des jungen Paares anwesend sein, mit am Tisch sitzen beim Abendessen, danebenstehen, wenn mit dem Kind gespielt wird; Ja sogar in der Besucherritze des ehelichen Bettes liegt die (Schwieger-)Mutter, wenn das Paar seine Konflikte spätabends austrägt. Und was können die beiden dagegen tun? Was liegt in ihrem Einflussbereich?

Die (Schwieger-)Mutter zu fesseln und zu knebeln ist wohl kaum möglich... Aber sie können aufhören, sie auf den Thron zu setzen. Ja, es ist fast so, als säße die (Schwieger-)Mutter wie die böse Königin aus einem Märchen auf einem imaginären Thorn und überwachte von hier aus die Beziehung der beiden. „Holt sie runter von diesem Thron, denn diese Position steht ihr doch gar nicht zu.", war mein Tipp. Und tatsächlich – die beiden hatten zwar überhaupt keinen Einfluss auf das Verhalten der (Schwieger-)Mutter, aber es gelang ihnen, ihre eigene Position ihr gegenüber zu verändern. Als Allererstes „entthronten" sie sie. Heißt transferiert auf das wahre Leben: Sie sprachen nicht mehr über sie während intimer Situationen. Wenn das Verhalten der (Schwieger-)Mutter störend wurde, legten die beiden gemeinsam Grenzen fest, die sie ihr vermittelten. Darüber hinaus hatte sie fortan keinen Platz mehr in der Beziehung, weder am Familientisch noch in der Besucherritze, und schon gar nicht am imaginären Thron.

Experiment 3: Wen oder was hebst du künstlich auf den Thron?

Arbeitsblätter stehen als Download zur Verfügung unter: www.sb-beratung.at/let-it-be

Welche Person oder welche Gegebenheit, auf die du eigentlich gar keinen Einfluss hast, hebst du künstlich auf den Thron?

Wie kann es dir gelingen, diese Person oder Gegebenheit in Zukunft zu entthronen?

4. Sei dir selbst der beste Freund/die beste Freundin

Aus dem vorherigen Kapitel haben wir die Idee mitgenommen, dass wir immer die Wahl haben. Wir können also wählen, wofür wir Energie aufwenden, welche Kämpfe wir austragen wollen. Doch wenn wir etwas streichen, was machen wir stattdessen? Worauf haben wir Einfluss? Wir haben immer Einfluss auf unsere Gegenwart. Über das Hier und Jetzt haben wir die Macht. Wir können unsere Aufmerksamkeit auf den aktuellen Augenblick lenken und manchmal vielleicht auch nachsichtiger sein mit uns selbst. Sei mal ehrlich: Wie denkst du über dich selbst? Wie sprichst du über dich? Was sagt dir deine innere Stimme? Aus meiner Arbeit als Coachin weiß ich: Wir sind zu unseren Liebsten – zu den Personen, die uns am nächsten stehen – am strengsten. Und wer steht uns am allernächsten? Natürlich wir selbst. Niemals würden wir mit der Verkäuferin in der Bäckerei so sprechen, wie wir es mit unseren Liebsten tun, nämlich mit unseren Partnern und Partnerinnen, unseren Kindern, und schon gar nicht so brutal wertend wie mit uns selbst.

Die gute Nachricht ist: Auch wenn wir keinerlei Einfluss haben auf das Denken und Verhalten anderer, haben wir vollen Einfluss auf unser eigenes Denken und Handeln. Das heißt im Umkehrschluss auch: Du kannst dich bewusst dafür entscheiden, in Zukunft nachsichtiger mit dir selbst zu sein. Mehr Eigenverständnis für sich selbst zu entwickeln, ist häufig auch ein Ziel in Therapie, Beratung und Coaching. Du kannst allerdings auch allein daran arbeiten, dich selbst zu entlasten und zu nähren.

Zu Beginn dieser Reise zu mehr Selbstverständnis und Selbstfreundlichkeit kann es vorkommen, dass du ganz unwillkürlich in alte Muster rutschst und wieder schlecht mit dir und über dich sprichst, aber glaube mir – und das ist auch die schlechte Nachricht: Hast du dich erst einmal auf den Weg zu mehr Selbstmitgefühl, zu einem wohlwollenderen Umgang mit dir selbst begeben, gibt es (leider) kein Zurück mehr.

Mehrere US-amerikanische Studien scheinen zu bestätigen, dass eine Verbindung zwischen Selbstmitgefühl und psychischer Gesundheit besteht. Selbstmitgefühl wird hierbei als Fähigkeit gesehen, Verständnis für eigene Misserfolge zu haben, anstatt mit übermäßiger Selbstkritik zu reagieren, das Geschehen als Teil des Menschseins zu sehen und weniger als isoliertes Fehlverhalten der eigenen Person. Hierbei zeigt sich, dass sich überbordende Ängste durch Selbstmitgefühl abpuffern lassen, was im Gegensatz dazu etwa durch reine Achtsamkeitsübungen nicht möglich war. Des Weiteren ließ sich nachweisen, dass Übungen, die auf Selbstmitgefühl abzielten, eine signifikante Erhöhung des psychischen Wohlbefindens zur Folge hatten.[10]

Experiment 4: Mein wohlwollender Begleiter/Meine wohlwollende Begleiterin

 Link zur Audioversion der Imaginationsübung inkl. Arbeitsblatt: www.sb-beratung.at/let-it-be

Mach es dir gemütlich. Vielleicht hast du dich hingelegt oder auch einfach nur gemütlich hingesetzt. Wenn es für dich passt, kannst du auch die Augen schließen.

Achte jetzt auf deinen Atem. Atme ein und wieder aus. Ein und aus.

Und während du nun auf deinen Atem achtest, kannst du vielleicht schon bemerken, wie sich ein angenehmes Gefühl der Ruhe und Entspannung in deinem Körper ausbreitet. Sehr fein.

Mit jedem Atemzug sinkst du tiefer und tiefer in diesen angenehmen Zustand der Ruhe und Entspannung. Und vielleicht merkst du noch etwas

Unruhe in dir – das macht gar nichts und ist vollkommen normal. Manchmal ist es leichter, eine solche Übung als kleines Time-Out zu sehen. Als Time-Out von der Welt. Niemand will jetzt etwas von dir. Und mit jedem Atemzug entspannt sich jeder einzelne Muskel in deinem Körper noch mehr. Und ganz in deiner eigenen Zeit sinkst du in einen angenehmen Zustand der Ruhe und Entspannung. Immer tiefer und tiefer. Aber nur so tief, dass du mir noch gut zuhören kannst. Sehr fein.

Ich lade dich jetzt ein, dir vorzustellen, dass da jemand an deiner Seite ist. Jemand, der oder die dich total gerne hat und ganz liebevoll auf dich schaut. Jemand mit einem ganz großen Herzen. Jemand, der oder die ein Herz für alle Menschen und alle Lebewesen hat…

Und am meisten Wohlwollen und Zuneigung hat dieser Jemand, dieses Wesen, für dich übrig…

Das kann jemand sein, den oder die du kennst, oder kanntest, der oder die dir gegenüber total wohlwollend und liebevoll ist oder war.

Es kann aber auch sein, dass der- oder diejenige einfach aus deiner Vorstellung entspringt und du dir deinen wohlwollenden Begleiter/deine wohlwollende Begleiterin einfach selbst erschaffst.

Es kann aber auch sein, dass es dein Haustier ist oder ein anderes Tier, das dir jetzt gerade in den Sinn kommt… Das bleibt dir ganz frei.

Du darfst dir jetzt vorstellen, wie derjenige oder diejenige auf dich schaut und an deiner Seite steht, wie dir dieses Wesen den Rücken stärkt…

Wie dich dein wohlwollender Begleiter/deine wohlwollende Begleiterin so akzeptiert, wie du bist. Dich gut findet, so wie du bist und dir sagt: *Du bist okay!* Du kannst dir vorstellen, dass dieses Wesen zu dir sagt: *Du bist okay!*

Und dieses Wesen sieht, was du heute schon alles gut gemacht hast… Du darfst dir vorstellen, wie dieses Wesen auch die kleinsten Dinge wahrnimmt:

…dass du heute die Kassiererin angelächelt hast.

…dass du dich gut um andere gekümmert hast.

…dass du eine nette E-Mail/eine nette Nachricht geschrieben hast.

...dass du pünktlich zu Terminen gekommen bist.

...was auch immer. Es können Kleinigkeiten sein... Kleinigkeiten, die du sonst vielleicht gar nicht wahrgenommen hättest.

Aber dieses Wesen – dein wohlwollender Begleiter/deine wohlwollende Begleiterin – sieht all das Gute, das du getan hast, sieht jede kleine Kleinigkeit...

Und du darfst dir ganz viel Zeit nehmen, um dir dieses Wesen ganz gut vorzustellen. Stelle es dir vor, wie es aussieht, dieses Wesen... Trägt es Kleidung? Was hat es an? Oder hat es ein Fell? Schau dir genau an, wie es aussieht...

Und vielleicht kannst du es auch berühren, die Hand nehmen oder das Fell streicheln und spüren, wie sich dein wohlwollender Begleiter/deine wohlwollende Begleiterin anfühlt...

Vielleicht nimmst du auch einen Geruch wahr, den du mit deinem wohlwollenden Begleiter/deiner wohlwollenden Begleiterin verbindest, oder auch einen Geschmack? Du darfst dir nun Zeit nehmen und diesen Geruch oder Geschmack wahrnehmen.

Und vielleicht gibt es etwas, was dir dein wohlwollender Begleiter/deine wohlwollende Begleiterin – dieses Wesen, das all das Gute in dir sieht – vielleicht gibt es etwas, was es dir sagen will? Hör genau hin...

Du darfst den wohlwollenden Begleiter/die wohlwollende Begleiterin, das Wesen, das nun an deiner Seite steht, das darfst du jetzt den ganzen Tag mitnehmen... Du darfst dir ganz fest vorstellen, wie er/sie/es an deiner Seite ist, um dich zu begleiten... um wohlwollend auf dich zu schauen... wie es dir den Rücken stärkt, wie es dir Halt gibt... und wie du die bedingungslose Zuneigung und die Liebe für dich spürst...

Schau nochmal ganz genau hin, inwieweit dein wohlwollender Begleiter/deine wohlwollende Begleiterin mit dir den Tag reflektiert. Und schau auch auf den Tag, der noch vor dir liegt... welche Chancen sich verbergen... wie viel Mut er/sie/es dir zuspricht für die kommenden Aufgaben... wie viel Lob er/sie/es für dich übrig hat... für all das, was du bisher getan hast, und für das, was erst kommen wird.

Genieß das Gefühl in dir... und wenn du magst, kannst du nun deine Hand auf deine Brust legen, um das Gefühl in deinem Körper zu verankern... Und um zu spüren wie sich dieses Wohlgefühl von der Brust aus in den Bauch, ja in deinen ganzen Körper verbreitet, bis in die letzten noch so weit entfernten Flecken deines Körpers kann sich dieses Wohlgefühl von der Brust aus verbreiten...

Und vielleicht kann diese Berührung auch eine Erinnerung sein, wie nahe dir dein wohlwollender Begleiter/deine wohlwollende Begleiterin ist und wie viel Wärme er/sie/es für dich übrig hat...

Du darfst jetzt mit deinem wohlwollenden Begleiter/deiner wohlwollenden Begleiterin an der Hand wieder in die Realität kommen... darfst ganz langsam Heraustreten aus der Imagination.

Und du kannst dich nun langsam wieder im Hier und Jetzt orientieren... Du kannst deine Beine, deine Füße, bewegen... Deine Arme – ja deinen ganzen Körper – strecken... die Augen aufmachen und dich umschauen.

Folgender Satz, folgendes Bild, Gefühl, folgender Geschmack und/oder Geruch erinnern mich auch im Alltag an meinen wohlwollenden Begleiter/meine wohlwollende Begleiterin:

5. Was ist, darf sein und was sein darf...

...kann sich verändern.

So wird das Paradox der Akzeptanz vs. Veränderung in der Gestalttherapie beschrieben. Anders gesagt wird Veränderung dann möglich, wenn wir akzeptieren, wer wir sind, und nicht mehr versuchen, etwas zu werden, was wir nicht sind. Hören wir also auf, die eigene Veränderung zu erzwingen, ja in eine bestimmte Richtung zu drängen, und lassen wir uns vollkommen auf unser gegenwärtiges Sein ein, denn ausgerechnet dann findet Veränderung statt.

Anders als in anderen psychotherapeutischen Schulen weigern sich Gestalttherapeut:innen somit, in die Rolle eines „Veränderers" zu schlüpfen. Dahinter steht vor allem die Idee, dass Menschen zuerst mal einen festen Boden unter den Füßen brauchen, um anschließend voranzuschreiten. Die Akzeptanz des eigenen Seins wäre hierbei der feste Boden, der das Begehen eines neuen Weges überhaupt erst erlaubt.[11]

Die Akzeptanz- und Commitmenttherapie (kurz ACT), die vom US-amerikanischen Psychologen Steven C. Hayes entwickelt wurde, stellt nicht nur akzeptanzbasierte Strategien in den Mittelpunkt, ihre Effektivität wird auch rege beforscht.[12] Herauszuheben ist, dass die ACT die klassische Verhaltenstherapie, in der sie ihre Anfänge findet, durch achtsames Akzeptieren inneren Erlebens erweitert.

Von Carl Rogers (1902-1987), dem Begründer der Personzentrierten (oder auch Klient:innenzentrierten) Psychotherapie, ist folgender Ausspruch überliefert: *The Curious Paradox is that when I accept myself just as I am, then I can change.*" („Das Seltsame Paradoxon ist, dass, wenn ich mich so akzeptiere, wie ich bin, ich die Möglichkeit erlange, mich zu verändern.") Veränderung sei, seiner Überzeugung nach, also nur dann möglich, wenn wir uns selbst so annehmen wie wir sind, auch mit all den Emotionen und Gefühlen, die wir oftmals zu unterdrücken versuchen.

Laut dieser Idee wäre ein sogenanntes Selbstverständnis Voraussetzung hierfür.

Dieses Selbstverständnis könnte man auch als eine Art Standortstimmung verstehen. Denn wie sollen wir losgehen, ohne zu wissen, wo wir uns gerade aufhalten? Albert Einstein drückte es so aus: *„Sobald wir unsere Grenzen akzeptieren, gehen wir über sie hinaus.“* Sobald wir wissen, wo

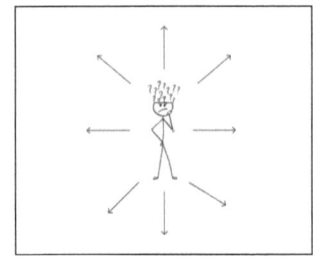

wir stehen, können wir die Herausforderungen, die uns begegnen, erkennen.

Der Schauspieler Michael J. Fox, bei dem im Alter von nur 30 Jahren eine Parkinsonerkrankung diagnostiziert wurde, sagte: *„Mein Glück wächst direkt proportional zu meiner Akzeptanz und umgekehrt proportional zu meinen Erwartungen.“* Akzeptanz hat laut Fox jedoch nichts mit Resignation zu tun. Die Art von Akzeptanz, die zu Veränderung führe – egal ob freiwillig oder aus einer Notwendigkeit heraus – definiert sich als mutiges Ergeben. Kein Ergeben im passiven Sinne, sondern ein Hingeben an das, was ist, das einen festen Boden unter unseren Füßen darstellen kann.

In meiner eigenen Arbeit als Coachin und Beraterin konnte ich bei Klient:innen häufig ähnliche Effekte beobachten. Ich erkläre mir dies folgendermaßen: Immer, wenn Klient:innen mit einem Thema (meist als Problem konnotiert) in die Praxis kommen, fließt ihre gesamte Aufmerksamkeit, ihre gesamte psychische (und manchmal auch physische) Energie in den Versuch, genau dieses Problem zu beseitigen. Sobald jedoch durch Erarbeitung eines Selbstverständnisses eine echte Akzeptanz des Ist-Zustandes eintritt, wird auf einen Schlag die bisher gebundene Energie frei und eine Lösung, ein neuer Weg, entsteht wie von selbst.

Dies versuchte ich in folgender Abbildung zu verdeutlichen:

Annäherung an das Problem oder an die unerwünschte Seite an sich selbst, anstatt Vermeidung. Würdigung statt Leugnen. Dies erlaubt jene Art von Akzeptanz, die Besserung und Wandel ermöglicht. Wie die Fingerfallen, die du vielleicht aus deiner Kindheit kennst. Je mehr du anziehst, desto fester ist dein Finger in der Falle gefangen. Wenn du jedoch loslässt und die Situation annimmst – als das, was sie ist – erkennst du, dass es auch andere Wege aus der Gefangenschaft gibt, was

uns wieder vor Augen führt, wie wichtig die Kunst des Loslassens für unseren Alltag sein kann.

...denn manchmal wird es erst gut, wenn du es sein lassen kannst...

45

Experiment 5: Wünsche vs. Werte

 Arbeitsblätter stehen als Download zur Verfügung unter: www.sb-beratung.at/let-it-be

Zu Beginn des Experiments lade ich dich dazu ein, zehn Wünsche für deine Zukunft zu formulieren. Das können Stichworte oder auch Sätze sein. Denk daran, dass die Erreichung deiner Wünsche innerhalb deines Einflussbereichs liegen sollte. Keine Ideen? Dann blättere doch zurück zum Experiment aus dem 1. Kapitel. Welche Wünsche sind in Erfüllung gegangen, als du dein Wunder erlebt hast?

Wichtig ist es, deine zehn Wünsche so zu formulieren, dass du sie anschließend ausschneiden kannst. Eine Reihenfolge ist zunächst nicht wichtig. Ein entsprechendes Arbeitsblatt steht hier zum Download bereit: www.sb-beratung.at/let-it-be

1.	
2.	
3.	
4.	
5.	
6.	
7.	

46

8.

9.

10.

Notiere nun jene zehn Werte, die dir am wichtigsten erscheinen. Die Reihenfolge ist im Moment noch nebensächlich. Vielleicht fällt es dir leicht, diese zu notieren. Falls nicht, findest du anbei einige Vorschläge, die dir als Inspiration dienen können.

Abenteuer	Freundschaft	Qualität
allein arbeiten	Führung	Reichtum
anderen helfen	Geld	Reinheit
Anerkennung	Gemeinschaft	Religion
Arbeit mit anderen	Genuss	Reputation
Arbeitsdruck	Gerechtigkeit	Respekt
Arbeitsfrieden	gewinnen	Ruhe
Aufregung	Heimat	Ruhm
Aufrichtigkeit	Heiterkeit	Selbstrespekt
berufliches Weiterkommen	Herausforderungen	Sexualität
Beziehungen	innere Harmonie	Sicherheit
Demokratie	Integrität	sinnvolles Tun
der Gesellschaft helfen	intellektueller Status	spannende Arbeit
Ehrenamt	Innovation	Spitzenleistung
Effektivität	Kompetenz	Stabilität
Effizienz	Kontrolle	Status
Ehrlichkeit	Kooperation	technischer Fortschritt
ein flottes Leben	Körperlichkeit	Treue
Einfluss auf andere	Kreativität	Umweltbewusstsein
ein leichtes Leben	Kultur	Unabhängigkeit
Engagement	Kunst	Verantwortung
enge Beziehungen	Leistung	Wachstum
Entschlusskraft	Liebe	Wahrheit
Erfolg	Loyalität	Weisheit
ethisches Verhalten	Macht und Autorität	Wettbewerb
Fachkenntnis	Marktstellung	wirtschaftliche Sicherheit
Familie	Menschlichkeit	Wissen
fester Standort	Natur	Zeit haben
finanzieller Gewinn	Offenheit	Ziele erreichen
freie Zeiteinteilung	Ordnung	Zuneigung
Freiheit	persönliche Entwicklung	Zuverlässigkeit
Freude	Privatsphäre	

47

1.

2.

3.

4.

5.

6.

7.

8.

9.

10.

Gehe nun folgendermaßen vor:
- Schneide deine zehn Wünsche und zehn Werte einzeln aus.
- Reihe nun zunächst deine Wünsche: Der wichtigste Wunsch soll ganz oben liegen; Jener, der derzeit am unwichtigsten erscheint, liegt ganz unten.
- Reihe nun deine Werte links davon. Wieder soll jener, der dir am wichtigsten ist, ganz oben liegen – absteigend – bis zum unwichtigsten ganz unten.

Jetzt, wo deine Wünsche und Werte so nebeneinanderstehen, mach ein Foto (!) und betrachte sie genau.

Dies könnte nun so aussehen:

Werte	Wünsche
Anerkennung	Kinder
Freiheit	Beförderung
Wachstum	Partnerschaft
Wissen	Weltreise
Kooperation	Pferd
Gerechtigkeit	Eigentum
Toleranz	Hobby
Ehrlichkeit	mich ausprobieren
Zeit haben	Studieren

Gibt es Werte, die mit deinen Wünschen in Konkurrenz stehen?

Gibt es Werte, die dich an der Erfüllung deiner Wünsche hindern, ja vielleicht sogar blockieren könnten?

Jene Werte, die dich blockieren – sind das wirklich *deine* Werte? Oder wem könnten diese Werte ursprünglich gehört haben?

Überlege nun, ob du jene Werte, die dich 1. blockieren in der Wunscherfüllung, 2. in Konkurrenz mit deinen Wünschen stehen oder 3. gar nicht dir gehören, weiter nach unten reihen, oder vielleicht sogar ganz verabschieden kannst?

Wie könntest du das in deinen Alltag transferieren, Werte weiter nach unten zu reihen oder ganz loszulassen?

Würde Platz für neue Werte entstehen?

Falls ja, für welche? Und inwiefern würden diese deine Wünsche unterstützen?

_____

_____

_____

Mache anschließend wieder ein Foto und bewahre dieses auf. Oft ist es hilfreich, dieses später noch einmal betrachten zu können.

FOTO

6. Ein jedes Nein ist ein Ja zu deinen eigenen Bedürfnissen

Fällt es dir schwer, Nein zu sagen? Anderen Grenzen zu setzen? Im Englischen wird das „People Pleasing" genannt. Könnte dieses „People Pleasing", also die Idee, es anderen Menschen immer recht machen zu müssen, auch eins der Dinge sein, die du loslassen möchtest? Die auf deine LET IT BE Liste gehören?

Schauen wir zu Beginn erstmal, wie es dazu kommt, dass uns Nein sagen und Grenzen setzen so schwerfällt. Zunächst: Bei Personen, die andere schlecht in die Schranken weisen können, handelt es sich meist um hochempathische Menschen. Dazu gehört ein ausgezeichnet großes Maß an Aufmerksamkeit und Achtsamkeit für unsere Umgebung. Des Weiteren braucht es dazu die Fähigkeit, die Bedürfnisse anderer mit hoher Treffsicherheit zu erkennen und ein harmonisches Miteinander aufrechtzuerhalten, sowie, wenn nötig, herzustellen.

Auch wenn der Terminus „People Pleasing" meist negativ besetzt ist, siehst du an meiner Ausführung, dass es sich um eine gewaltige Kompetenz handelt, die auch immense Vorteile mit sich bringt. Mit Sicherheit ist es nicht das Ziel, all die Empathie und Achtsamkeit gegenüber deinen Mitmenschen abzulegen, sondern etwas mehr in Balance zu kommen.

Dazu eine kurze Geschichte:
Stellt dir vor, emphatische Menschen – wie wir sie sind – wir sind diese netten, großzügigen Menschen, die in ihrer Freizeit oft hunderte Kekse backen. Leckere, aufwendige, selbstgemachte Kekse...

Und jeder Person, die wir treffen, mit einem Problem oder einem Thema, geben wir einen solchen selbstgemachten Keks. Oder auch einfach nur, weil wir die Person mögen, sagen wir: „Hier hast du einen Keks!" Und manchmal geben wir auch mehr als einen...

Und da ist keine klare Kommunikation. Du denkst dir einfach: „Oh, er oder sie braucht was? Hier hast du einen Keks..." Und dein Gegenüber dankt dir wahrscheinlich. Und du strahlst vor Freude!

53

Und irgendwie, ja irgendwie, würdest du schon auch gerne einen Keks haben... Aber das Schönste daran ist, Kekse für die anderen zu haben! Mit der Zeit jedoch – wie das so ist – gehen dir die Kekse aus... Und nun bist du hungrig. Ja, dein Magen knurrt so richtig! Und du denkst: „Ich habe so viele Kekse hergeschenkt, sicherlich wird mir jetzt jemand einen geben..." Aber nein! Denn: Die anderen haben gar keine Kekse.

Und so bäckst du neue, du bäckst mehr Kekse. Aufwendige, mit Verzierung, Streusel und Schokolade... Aber was glaubst du, was dann passiert? Was glaubst du, was viele von uns dann tun? Anstatt sie selbst zu essen, geben wir all die frischen, warmen Kekse wieder weiter an andere.

Kommt dir das bekannt vor? Ich verrate dir ein Geheimnis, das keines ist: Wir können nur gut für andere da sein, wenn wir selbst in der Mitte sind, wenn wir selbst gut auf uns achten. Doch wie geht das?

Lass uns damit beginnen, Grenzen zu setzten. Grenzen setzen bedeutet zu Beginn erstmal, die eigenen Grenzen wahrzunehmen und diese nicht als Schwächen zu interpretieren, um diese Grenzen dann selbst einzuhalten, und sie in weiterer Folge zu kommunizieren. Und mit Kommunizieren meine ich „sagen", also wirklich ansprechen. Und das bedeutet eben auch mal, Nein zu sagen.

Wir bringen anderen bei, wie sie mit uns umgehen sollen. Und wenn wir andere unsere Grenzen überschreiten lassen und nichts dazu sagen, dann sind wir ein Teil des Problems. Das heißt natürlich nicht, dass der/die andere nicht für seine/ihre Handlungen verantwortlich ist. Und dennoch liegt es in unserer Verantwortung, für unser Wohlergehen zu sorgen – was eben auch bedeutet, Grenzen zu setzen und Nein zu sagen.

Aber damit ist es nicht getan. Der nächste Punkt sind unsere Bedürfnisse. Nicht die Bedürfnisse der anderen, sondern unsere eigenen. Wir beginnen damit, unsere eigenen Bedürfnisse selbst wahrzunehmen, genau hinzuhören, was wir brauchen, um dies anschließend mit anderen zu teilen. Und nein, auch wenn uns unser Gegenüber gut kennt, kann er oder sie unsere Bedürfnisse nicht von den Augen ablesen. Das ist eine kitschige Vorstellung aus Hollywood-Filmen und hat nichts, aber auch gar nichts mit der Realität zu tun. Also auch hier ist ein Ansprechen unumgänglich.

Das bedeutet: Nicht nur Nein sagen und Grenzen aufzeigen ist wichtig, sondern auch Ja sagen – Ja zu den eigenen Bedürfnissen!

Nein sagen, um Grenzen zu setzen, und Ja sagen zu den eigenen Bedürfnissen ist somit keineswegs egoistisch, es gehört zu den Basics der Selbstfürsorge.

Denn wie bereits eingangs erwähnt: Ich kann nur für andere da sein, wenn es mir selbst gut geht, wenn ich selbst stabil und gut versorgt bin. Mein Plädoyer lautet also: Fürchte dich nicht davor, Nein zu sagen, und übe es! Und auch, wenn das jetzt etwas verwirrend klingen mag: Fürchte dich nicht davor, Ja zu sagen. Und übe auch das!

Punkt eins war also Grenzen setzen, Punkt zwei Bedürfnisse äußern, doch damit sind wir noch nicht am Ende. Es führt uns ein weiterer Punkt zum Ziel: Verantwortung teilen.

Du bist kein Held oder keine Heldin, wenn du alles selbst machen willst. In Wahrheit ist genau das sehr egoistisch. Denn wir wissen alle, wie schön es sein kann, anderen zu helfen – und das willst du deinen Mitmenschen vorenthalten? Weil du es unbedingt selbst machen willst? Außerdem: Verantwortung zu teilen schützt uns auch vor Burnout oder generell einer zu großen mentalen Last.

Und auch wenn das viele nicht glauben können, Verantwortung zu teilen kann Spaß machen!

Experiment 6: Nein-Sagen feiern

 Arbeitsblätter stehen als Download zur Verfügung unter: www.sb-beratung.at/let-it-be

Auch in diesem Experiment werden wir wieder üben, etwas sein zu lassen: Ziel ist, dass du in Zukunft auch Nein sagen kannst. Nein sagen auch in Situationen, in denen du bisher vielleicht, ohne viel nachzudenken, Ja gesagt hast.

Notiere hier Situationen, von denen du weißt, dass sie dich zum „People Pleaser" werden lassen. Wann und wo möchtest du in Zukunft Nein sagen?

Dann gehe ab jetzt so vor: „Der Fahrplan"

1. **Lasse dir Zeit:**
Schaffe dir Bedenkzeit, indem du deinem Gegenüber folgende Frage stellst: **Habe ich dich richtig verstanden, dass du gerne von mir hättest, dass ich...**

2. **Wie entscheidest du?**
Selbst jetzt hast du noch immer die Möglichkeit, Ja zu sagen, falls du das wirklich möchtest. Falls du dir unsicher bist, kannst du dich fragen, nach welchem ethischen Gesichtspunkt du entscheidest.

Exkurs: Gesinnungs- vs. Verantwortungsethik
Seit Aristoteles differenzieren wir bei der Entscheidungsfindung zwischen Gesinnungs- und Verantwortungsethik.
Die Gesinnungsethik zeichnet sich dadurch aus, dass Werte an oberster Stelle stehen. Dies können die persönlichen Werte, aber zB auch die Werte einer Organisation oder eines Staates sein. Entscheiden wir nach der Gesinnungsethik, priorisieren wir die Prinzipien und vernachlässigen die Konsequenzen.
In der Verantwortungsethik hingegen wird das Hauptaugenmerk auf den Erfolg oder die (Aus-)Wirkung gelegt, was heißt, dass Konsequenzen priorisiert und Prinzipien vernachlässigt werden.

Du merkst: Hier gibt es kein richtig oder falsch, nur ein „angemessen für die jeweilige Situation". Mach dir bewusst: Willst du deinen Wertanschauungen entsprechend entscheiden und sind dir die Konsequenzen in diesem Fall eher egal? Oder ist es umgekehrt, und du kannst in diesem Fall deine Werte hintenanstellen, weil die Konsequenzen entscheidender sind?

3. Gib dir die Erlaubnis zum Neinsagen:

Du bist zur Entscheidung gekommen, dieses Mal Nein zu sagen? Weil du deine Grenzen einhalten und deine Bedürfnisse wahren willst? Dann kannst du dir im Stillen die Erlaubnis dazu geben.

Denk an deinen wohlwollenden Begleiter/deine wohlwollende Begleiterin, hole ihn/sie/es zur Hilfe, und erlaube dir selbst, Nein zu sagen.

4. Und tue das nun wirklich:

Sag höflich, aber bestimmt: Nein!

Ganz ohne Rechtfertigung, klar und deutlich.

5. Feiere dich!

Du hast es geschafft, deine Grenzen zu wahren!

Gib deinem wohlwollenden Begleiter/deiner wohlwollenden Begleiterin ein imaginäres High Five!

Dir ist etwas gelungen. Und sei nicht zu streng mit dir, wenn es mal nicht so gut klappt. Ab jetzt kannst du dich über jede versuchte Grenzüberschreitung freuen, denn sie gibt dir die Möglichkeit, dich auszuprobieren.

7. Emotionen

Im vorherigen Kapitel hast du dich vielleicht schon ein klein wenig mit deinen Bedürfnissen auseinandergesetzt. Falls du mehr über deine Bedürfnisse – die persönlichen und generellen, langanhaltenden und gelegentlich auftretenden – lernen willst, dann wird es Zeit, dass du dich mit deinen Emotionen auseinandersetzt.

Merke: Emotionen weisen uns auf unsere Bedürfnisse hin. Sie entstehen nicht einfach so aus dem blauen Himmel heraus, und schon gar nicht sind vergangene Ereignisse an ihnen schuld. Nein, Emotionen sind die Sprache unseres Unbewussten, der Verbindung zwischen Körper und Geist. Dein Unbewusstes ist wie eine Schatzkiste, vollgepackt mit all deinen Erfahrungen, Prägungen und Wünschen. Also hör genau hin, denn: Dein Organismus spricht emotional.

Wir können viel von unseren Emotionen lernen. Jedoch führt nicht jede Emotion, die wir wahrnehmen, auf direktem Weg zu dem dahinterstehenden Bedürfnis. Besonders, wenn wir Emotionen eine Zeit lang zur Seite geschoben, vielleicht sogar unterdrückt haben, kann die primäre Emotion von einer sekundären überlagert werden. Eine Emotion, die recht häufig als sekundäre auftritt, ist Wut. Ärgern wir uns, oder spüren wir die Wut so richtig im Bauch brodeln, steckt oftmals eine ganz andere primäre Emotion dahinter. Das könnte zB Scham, Angst oder Traurigkeit sein.

Wie in einer Zwiebel ist ganz innen unser Bedürfnis versteckt. Außerhalb findest du die auslösende Situation, in der äußeren Zwiebelschicht die sekundäre Emotion, eine Schicht darunter die primäre – zuerst dagewesene – Emotion.

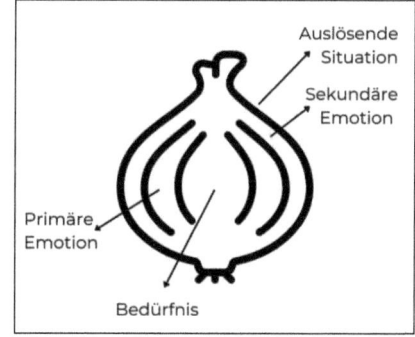

59

Und ganz im Kern ist dein ursprüngliches Bedürfnis versteckt, welches du gerne erfüllt hättest.

Frage dich also immer:
- Ist die Emotion, die ich gerade spüre, die ursprüngliche?
- Falls nicht, was war die primäre Emotion? Was war zuerst da?
- Auf welches Bedürfnis möchte mich die Emotion hinweisen?

Beispiele für primäre Emotionen sind Schuldgefühle, Scham, Trauer und Einsamkeit. In einem solchen Fall kommt es häufig zu einer Überlagerung dieser unerwünschten primären Emotionen durch Sekundäre. Häufige sekundäre Emotionen sind Ärger oder Angst. Um in weiterer Folge unsere eigentlichen Bedürfnisse und Wünsche zu verstehen, ist es essenziell, zu unterscheiden, ob es sich um eine primäre oder eine sekundäre Emotion handelt.

Beachte jedoch, dass nicht jede Emotion angemessen oder hilfreich ist. Und genau da wird es für uns spannend, denn unangemessene oder nicht hilfreiche Emotionen kannst du getrost loslassen.

Schaue deshalb genau hin:
- Ist diese Emotion angemessen oder unangemessen?
- Welche Reaktion wäre angemessen?
- Unterstützt mich die Emotion dabei, mein(e) Bedürfnis(se) zu erfüllen? Ist sie hierfür hilfreich oder sogar kontraproduktiv?
- Was könnte mich dabei unterstützen? Was wäre hilfreich?

Manchmal kann es vorkommen, dass Emotionen mit unerfüllbaren Bedürfnissen in Zusammenhang stehen. Unerfüllter Kinderwunsch, die einseitige Aufkündigung einer Beziehung, oder auch Todesfälle wären Beispiele hierfür.
Das kann knallhart klingen. Aber Akzeptanz ist hierbei die große Schwester der Stärkung. Dadurch bleibt zwar das ursprüngliche Bedürfnis unerfüllt, du kannst dich aber neuen Perspektiven zuwenden und

Bedürfnisbefriedigung in anderen Lebensbereichen, auf anderen Wegen, finden. (Genaueres dazu findest du in Kapitel 5.)

Experiment 7: Sind meine Emotionen angemessen und hilfreich?

 Arbeitsblätter stehen als Download zur Verfügung unter: www.sb-beratung.at/let-it-be

Jede Emotion kann in ihrer Art und Intensität für den jeweiligen Kontext angemessen oder unangemessen sein. Ein Beispiel für eine angemessene Emotion ist die Angst vor einer giftigen Schlange, die uns zur Vorsicht veranlasst. Ein Beispiel für eine unangemessene Emotion ist eine Zukunftsangst, die uns lähmt. Ebenso kann ein Schuldgefühl angemessen sein und zu einer Verhaltensänderung führen. Ein weiteres Beispiel für eine unangemessene Emotion ist Scham, die oft mit einem hohen Maß an Selbstabwertung einhergeht. Frage dich selbst, ob die Emotion hilfreich ist, um das angestrebte Bedürfnis zu erreichen. So kann die Emotion besser verstanden und reguliert werden, und in weiterer Folge können die Bedürfnisse besser kommuniziert werden.

Führe in den nächsten Tagen/Wochen ein Emotionstagebuch und notiere mit, ob auftretende Emotionen hilfreich sind, um deine Ziele zu erreichen:

Emotionstagebuch

Emotion	Situation	Angemessen?	Hilfreich um mein Ziel zu erreichen?

Das Emotionstagebuch ist dein persönliches Werkzeug, um deine Emotionen im Alltag besser verstehen zu können. Es hilft dabei, Situationen zu identifizieren, die unerwünschte Emotionen auslösen, und diese zu reflektieren. Anhand dieser Aufzeichnung kannst du auch analysieren, ob es sich um angemessene oder unangemessene Emotionen handelt. Und vor allem, ob diese hilfreich sind, um dein(e) Ziel(e) zu erreichen.

Die gute Nachricht? Emotionen, die weder angemessen noch hilfreich sind, um deine Ziele zu erreichen, kannst du getrost ziehen lassen. Atme tief durch und lass sie ziehen, wie die schäbigen Boote am geschäftigen italienischen Hafen...

Diese Emotionen kann ich ziehen lassen:

8. Über das Annehmen und Aushalten

Eine der Fragen, die sich Viktor Frankl (siehe auch Kapitel 3), der Begründer der 3. Wiener Schule der Psychotherapie, stellte, ist jene: Was können wir selbst dazu beitragen, um besser da sein zu können? Die Antwort dazu finden wir laut Viktor Frankl im Aushalten und Annehmen. Und ja, das Aushalten und Annehmen von unveränderbaren Situationen ist eine zentrale Herausforderung für das menschliche Dasein.

Frankl betont, dass der Mensch nicht nur von den Umständen bestimmt wird, sondern auch die Freiheit hat, sich zu ihnen zu „ver-halten" und eine Haltung zu wählen. Diese Haltung kann entweder resignativ oder aktiv sein. Eine resignative Haltung bedeutet, sich dem Schicksal zu ergeben und zu leiden. Eine aktive Haltung bedeutet, das Unabänderliche anzunehmen und zu tragen, aber auch nach Möglichkeiten zu suchen, um trotzdem Sinn zu finden und zu wachsen.

Etwas aushalten zu können, bedarf Kraft: Kraft, Unveränderbares annehmen zu können und es so zu bewerten, dass es im Anbetracht der Bedingungen als passend erscheint. Beides – sowohl das Annehmen als auch das Aushalten – sind Formen des Sein-Lassen-Könnens.

Aushalten bedeutet also für Frankl, die Kraft aufzubringen, das Unabänderliche anzunehmen, ohne zu resignieren oder zu verzweifeln. Es bedeutet auch, loszulassen von der Vorstellung, dass es anders sein könnte oder sollte. Frankl war überzeugt, dass wir immer eine Wahl haben, wie wir auf das reagieren, was uns widerfährt. Wir können uns entweder dem Schicksal ergeben oder ihm einen Sinn abringen. Aushalten ist also ein aktiver Prozess der Sinnfindung, der uns hilft, unser Leben zu meistern.

Ein Annehmen beinhaltet ein aktives Aushalten dessen, was uns widerfährt, und ein Loslassen von der Vorstellung, es könnte anders sein, sowie von den Wünschen, wir könnten es verändern. Das Unabänderliche anzunehmen, scheint somit als elementare Fähigkeit eines gesunden Lebens.

Für Frankl bedeutet Annehmen somit, die Realität so zu akzeptieren, wie sie ist, ohne sie zu leugnen oder zu verdrängen. Es bedeutet auch, sich selbst so anzunehmen, wie man ist, mit all seinen Stärken und Schwächen. Frankl glaubte, dass wir nur dann authentisch sein können, wenn wir uns nicht verbiegen oder verstellen. Annehmen ist also ein Prozess der Selbstverwirklichung, der uns hilft, unser Leben zu bereichern. Der Wiener Psychotherapeut sah im Aushalten und Annehmen eine Möglichkeit, das Leiden zu überwinden und das Glück zu finden. Er war der Ansicht, dass wir nicht nach dem Glück suchen sollten, sondern nach dem Sinn. Denn nur, wenn wir unserem Leben einen Sinn geben können, können wir auch glücklich sein.

Oft sind Vorstellungen und Ziele nur dazu gut, uns in Bewegung bringen. Damit wir gut sein können auf unserem Weg. Dem Weg, der wahrscheinlich auch Schwieriges und Hartes mit sich bringt. Eins ist jedoch sicher: Neue Wege bringen Überraschungen mit sich. Und diese Ungewissheit auszuhalten, beinhaltet die Bereitschaft, auf dem Lebensweg zu bleiben, all die Erfahrungen zu tragen und sich den Auswirkungen zu stellen. Aushalten wird so zu einem selbstwirksamen, aktiven Prozess. Und dieser Prozess birgt die Möglichkeit, das Unveränderliche bewusst zu tragen.

Ein Teil dieses aktiven Tragens kann Akzeptanz sein: Weg vom betroffenen Erstarren, hin zum Da-Sein-Lassen. Wenn es so sein kann, kann auch ich Ich bleiben.

Anstatt zu erstarren oder zu fliehen vor dem, was uns belastet, können wir es da sein lassen und ihm Raum geben. Wir können uns selbst erlauben, zu fühlen, was wir fühlen, ohne uns dafür zu verurteilen oder zu bekämpfen. Wir können uns selbst mit Mitgefühl und Verständnis begegnen und erkennen, dass wir nicht allein sind mit unserem Schmerz. Akzeptanz ist also eine wichtige Fähigkeit für ein gutes Leben in schwierigen Zeiten. Sie hilft uns, die Realität zu umarmen und uns selbst zu lieben. Sie eröffnet uns neue Möglichkeiten und Perspektiven und unterstützt uns bei unserer persönlichen Entwicklung und unserem Wachstum.

Doch wie kann ich mir ein gutes Leben schaffen, auch wenn ich von außen beschränkt bin? Wichtig ist zu erkennen, dass, egal wie wir uns zum Leben „ver-halten", wir immer begrenzt sind.

Leben wir in Gemeinschaft, müssen wir uns nicht nur an Regeln halten, sondern dieses Zusammenleben geht auch mit Pflichten einher. Nicht nur endet unsere Freiheit dort, wo die unseres Nachbarn beginnt, vielmehr tragen wir allein durch unser Dasein bereits Verantwortung für die Welt. Doch auch außerhalb der menschlichen Gesellschaft finden sich Grenzen. Auch das andere Extrem, ein Leben als Einsiedler:in, würde Einschränkungen mit sich bringen – das ist schnell klar, lässt man sich auf das Gedankenexperiment ein. Zu leben bedeutet auch Anpassung. Und Anpassung bringt automatisch eine Begrenztheit mit sich. Wie es gelingen kann, trotz dieser Gedanken nicht in eine Starre zu verfallen, darum soll es im folgenden Experiment Nr. 8 gehen. Hier beschäftigen wir uns damit, uns mit den Einschränkungen des Alltags anzufreunden, um einen besseren Umgang mit ihnen zu finden.

Annehmen bedeutet zumal auch, nichts zu wollen. Ja zum Hier und Jetzt zu sagen. Nicht der Zukunft nachzujagen oder die Vergangenheit zu missen, sondern das Gegenwärtige zu würdigen. Und – auch wenn es manchmal unmöglich erscheint – das Aktuelle schätzen zu lernen.

„…trotzdem ja zum Leben sagen", wie Viktor Frankl seinen Bestseller betitelte, der in 26 Sprachen übersetzt und über 12 Millionen Mal verkauft wurde, bedeutet somit auch, sich auf neue Perspektiven einzulassen, selbstwirksam zu bleiben und vor allem mutig zu sein!

Experiment 8: Annehmen braucht Mut!

 Arbeitsblätter stehen als Download zur Verfügung unter: www.sb-beratung.at/let-it-be

Je mehr Angenommen-Sein wir in uns tragen, desto freier sind wir, um annehmen zu können, und desto leichter wird die Selbstannahme.

Wer nimmt oder nahm dich so an, wie du bist? Und woran merkst du das?

Was ist derzeit unveränderbar in deinem Leben?

Was möchtest du in Zukunft gerne annehmen?

Was könnte passieren, wenn du es annimmst? (Welche Angst steht dahinter?)

Was hat dir bisher geholfen, etwas anzunehmen?

Wodurch wirst du stark genug, um annehmen zu können?

Wofür könnte das Annehmen gut sein?

Was würde es ermöglichen?

9. Meine LET IT BE Liste

LET IT BE! Denn das größte Können ist das Sein-lassen-Können.

Im ersten Kapitel beschäftigten wir uns mit der Bedeutung und Interpretation des Beatles-Songs LET IT BE und seiner Relevanz für die heutige Gesellschaft. Wir lernten, dass Paul McCartney im Song LET IT BE seiner verstorbenen Mutter huldigte, die ihm im Traum erschien, um ihm Trost zu spenden. Wir stellten uns die Frage, ob das Motto „lass es geschehen" oder „lass es sein" in einer meritokratischen Gesellschaft noch Platz hat, die von Leistungsdruck und Optimierungswahn geprägt ist. Wir spielten auch mit dem Gedanken, dass die Meritokratie eine Illusion sei, die nur Erb:innen zugutekommt. Im Zuge des 1. Experiments habe ich dich zu einer Imaginationsübung mit dem Titel LET IT BE eingeladen. Während dieser Übung habe ich dich gebeten, dir dein zukünftiges Ich vorzustellen: jenes zukünftige Ich, das all das sein lassen kann, was dir gerade in den Sinn kam.

Das zweite Kapitel verstand sich als Plädoyer gegen die To-do-Mentalität. Wir beschäftigten uns mit dem Thema Zeitmanagement und der gesellschaftlichen Erwartung, immer produktiv sein zu müssen. Wir kritisierten die ständige Beschäftigung mit To-do-Listen, die nie zu enden scheinen, und die fehlende Möglichkeit, sich absichtslos zu entspannen. Dieser Abschnitt sollte zum Nachdenken anregen, ob wir unsere Zeit wirklich sinnvoll nutzen oder uns nur von äußeren Anforderungen leiten lassen. Im dazugehörigen Experiment beschäftigten wir uns mit unseren inneren Antreibern – „Sei perfekt! Sei stark! Beeile dich! Streng dich an! Mach es alles recht!" – und versuchten diese zu entschärfen, indem wir daraus folgend neue hilfreiche Glaubenssätze ausformulierten.

Im dritten Kapitel habe ich dich dazu eingeladen, deine Kämpfe weise zu wählen. Wir sprachen über das sogenannte Gedankenkreisen und wie man dieses beenden kann. Bliebe man jedoch hier stehen, wäre es, als würde man den Feueralarm abstellen, ohne den Brand zu löschen, haben wir erfahren. Die Quintessenz des Kapitels sollte sein, dass du dir darüber Gedanken machst, worauf du wirklich Einfluss hast, damit du nachsichtiger mit dir selbst sein kannst. Denn du bist nicht für alles verantwortlich, was dir im Leben passiert.

Deshalb hatten wir im dazugehörigen Experiment auch ein Auge darauf, wen oder was du vielleicht künstlich auf den imaginären Thron hebst.

Im darauffolgenden vierten Kapitel dieses Buches habe ich dich dazu eingeladen, dir selbst der beste Freund/die beste Freundin zu sein. Wir beschäftigten uns mit der Bedeutung von Selbstmitgefühl und Selbstfreundlichkeit auf unser Wohlbefinden. Wir lernten, wie wir unsere Aufmerksamkeit auf die Gegenwart richten und uns selbst mehr Wertschätzung und Nachsicht entgegenbringen können.

Wieder lud ich dich zu einer Imaginationsreise ein, dieses Mal mit dem Titel „Mein wohlwollender Begleiter/Meine wohlwollende Begleiterin". Zum Abschluss bat ich dich, dir einen Satz, ein Bild, Gefühl, Geschmack und/oder Geruch zu notieren, die dich an deinen wohlwollenden Begleiter/deine wohlwollende Begleiterin erinnern könnten.

Im fünften Abschnitt lernten wir das Paradox der Akzeptanz vs. Veränderung aus der Gestalttherapie kennen: Was ist, darf sein, und was sein darf, kann sich verändern. Dabei sahen wir: Erst wenn wir aufhören, unsere eigene Veränderung zu erzwingen oder in eine bestimmte Richtung zu drängen und uns vollkommen auf unser gegenwärtiges Sein einlassen, findet Veränderung statt.

In der dazugehörigen Übung hast du deine zehn stärksten Werte und deine zehn wichtigsten Wünsche ausgearbeitet, um diese anschließend einander gegenüberzustellen. Werte, die dich blockieren könnten, sowie Wünsche und Werte, die in Konkurrenz stehen könnten, sind so sichtbar geworden.

Im sechsten Kapitel beschäftigen wir uns schließlich mit den eigenen Bedürfnissen und erfuhren, warum jedes Nein ein Ja zu uns selbst ist. Denn sowohl Nein als auch Ja zu sagen sind unerlässlich für unsere Selbstfürsorge. Wenn wir Nein sagen, setzen wir Grenzen und schützen uns vor Überforderung und Stress. Wenn wir Ja sagen, erkennen wir unsere Bedürfnisse an und sorgen für unser Wohlbefinden. Das ist nicht egoistisch, sondern notwendig, um gesund und glücklich zu sein. Denn nur wenn es uns selbst gut geht, können wir auch für andere da sein.

Deshalb sollten wir lernen, Nein zu sagen, was wir im dazugehörigen Experiment nicht nur geübt, sondern regelrecht gefeiert haben.

Das siebte Kapitel stand ganz unter dem Motto: Emotionen erforschen. Wir lernten, dass sich unsere Emotionen zuallererst auf körperlicher Ebene zeigen und uns auf unsere Bedürfnisse hinweisen wollen. Wir hatten ein Auge darauf, was passieren kann, wenn wir Emotionen zur Seite schieben, und studierten im Zuge dessen primäre und sekundäre Emotionen.

Im zugehörigen Experiment führten wir ein Emotionstagebuch und reflektierten, ob unser Emotionsausdruck angemessen und hilfreich war.

Im achten und vorletzten Abschnitt beschäftigten wir uns näher damit, was die von Viktor Frankl begründete Logotherapie zum Thema Annehmen und Aushalten zu sagen hat. Wir erfuhren, dass Annehmen bedeutet, dass wir die Realität so akzeptieren, wie sie ist, ohne sie zu leugnen oder zu bekämpfen. Eine Haltung der Gelassenheit und des Vertrauens, die uns hilft, mit den Herausforderungen des Lebens umzugehen. Ein Annehmen erfordert aber auch ein aktives Aushalten dessen, was uns widerfährt. Das heißt, wir nehmen unsere Gefühle und Bedürfnisse wahr und versuchen, sie konstruktiv auszudrücken oder zu befriedigen.

Im anschließenden Experiment hast du dich den Fragen gestellt, was du in Zukunft annehmen möchtest und was dies für dich ermöglichen könnte.

71

Im neunten Kapitel hattest du bisher die Gelegenheit, alle die theoretischen Ansätze und Übungen, die ich angeboten habe, noch einmal zu reflektieren.

Auch wenn du es noch nicht so ganz glauben kannst, du bist nun perfekt darauf vorbereitet, um deine persönliche LET IT BE Liste zu schreiben.

Experiment 9: Formuliere deine persönliche LET IT BE Liste

 Arbeitsblätter stehen als Download zur Verfügung unter: www.sb-beratung.at/let-it-be

Folgende Punkte könnten als Inspiration dienen:
- Alte Antreiber (aus Kapitel 2)
- Alle(s), was/die du vom Thron werfen möchtest (aus Kapitel 3)
- Alles, was außerhalb deines Einflussbereiches liegt (aus Kapitel 3)
- Negative Selbstbotschaften und innere Antreiber (aus Kapitel 4)
- Blockierende oder veraltete Werte (aus Kapitel 5)
- People Pleasing (aus Kapitel 6)
- Unangemessene und nicht hilfreiche Emotionen und Strategien (aus Kapitel 7)
- Alles, was du in Zukunft annehmen kannst (aus Kapitel 8)
- Überholte Ziele (aus Kapitel 8)

Schließe nun kurz deine Augen, atme dreimal tief ein und wieder aus und lasse dir Zeit, um hier deine persönliche LET IT BE Liste zu formulieren:

Und nun denke nochmal an dein zukünftiges Ich aus dem ersten Kapitel...
All das, was du nun loslassen konntest, macht Platz für Neues!
Was darf stattdessen in dein Leben einziehen?
Was macht es alles möglich?
Wer willst du ab heute sein?
Was willst du tun? Und wer wird es als Erstes bemerken?

Quellennachweis

[1] Rheinische Post vom 06.08.2017: https://rp-online.de/leben/gesundheit/psychologie/wir-sollten-wieder-lernen-dinge-zu-verpassen_aid-17916305

[2] Lennon, J., McCartney, P., Harrison, G., & Starr, R. (1970). Let it be. London: Northern Songs.

[3] Voß, Günter (2019): Arbeitende Nutzer und ihre Lebensfuhrung; pre-print; Hg. Jochum/Jurczyk/Voß/Weihrich; S. 1 – 20

[4] El-Mafaalani, A. (2018). Das Integrationsparadox: Warum gelungene Integration zu mehr Konflikten führt. Kiepenheuer & Witsch.

[5] Shazer, S. de & Dolan, Y. (2016). Mehr als ein Wunder: Losungsfokussierte Kurztherapie heute. Heidelberg: Carl-Auer.

[6] Jaffe, S. (2021). Work won't love you back: How devotion to our jobs keeps us exploited, exhausted, and alone. Bold Type Books.

[7] Lott, Y. (2019). Weniger Arbeit, mehr Freizeit. WSI Report, 47.

[8] Suzman, J. (2021). Sie nannten es Arbeit: Eine andere Geschichte der Menschheit. CH Beck.

[9] Frankl, V. E. (2010). ... trotzdem Ja zum Leben sagen: Ein Psychologe erlebt das Konzentrationslager. Kösel-Verlag.

[10] Neff, K. D., Kirkpatrick, K. L., & Rude, S. S. (2007). Self-compassion and adaptive psychological functioning. Journal of research in personality, 41(1), 139-154.

[11] Beisser, A. (2004). The paradoxical theory of change. International Gestalt Journal, 27(2), 103-108.

[12] Ferreira, M. G., Mariano, L. I., de Rezende, J. V., Caramelli, P., & Kishita, N. (2022). Effects of group Acceptance and Commitment Therapy (ACT) on anxiety and depressive symptoms in adults: A meta-analysis. Journal of Affective Disorders.

Zur Autorin

Sonja Bruckner studierte Beratungswissenschaften mit dem Schwerpunkt Psychosoziale Beratung. Im Zuge ihrer Masterarbeit untersuchte sie die Wirksamkeit einer hypnotischen Trance in der Paarberatung.

© *Sabine Kneidinger-Photography*

In ihrer Praxis in Linz, Österreich, arbeitet sie mit Paaren und Einzelpersonen an Beziehungs- und Lebensthemen. Außerdem ist sie in der Aus- und Weiterbildung sowie Supervision tätig.

Weitere Publikationen:

- Paarberatung unter Trance: Wirksamkeit einer hypnotischen Trance als Intervention in der Paarberatung (SFU Wien)

- Mein Tagebuch: Geführte Reflexion durch Therapie, Coaching, Beratung, Selbsterfahrung (Arbeitsbuch) ISBN-13: 9783757803223